たっぷり野菜のおいしい食事

江口友希世

幻冬舎MC

CONTENTS

本書の使い方と目的

　毎日野菜のある食事をするために、身近な食材を使い、簡単かつ単純な手順で、比較的短時間で作ることができる、野菜のおかずが主役になる料理の本です。

　野菜は、食物繊維を多く含む野菜類も含めて、1食120g以上を使用し、1日野菜摂取目標量の1/3以上を摂ることができるレシピです。

　1食のエネルギーは平均620kcal。厳しいエネルギー制限はしていません。

　主食のご飯は50gを80kcalとして、1食1人分は150g、240kcalで栄養計算しています。

野菜の多様な健康パワーを毎日の食卓に

腸内環境の改善パワー

食物繊維は消化されずに小腸を通って大腸まで達する成分で、水分を吸収し数倍に膨れ、腸の蠕動運動を促します。また食物繊維が腸内細菌叢のえさとなり、腸内環境を整えます。腸内環境が整えば、肌の健康（ニキビや吹き出物の予防）、免疫力も高まることが期待できます。

血糖上昇抑制、血中脂質改善パワー

野菜から食べることにより血糖値の急激な上昇を抑えるほか、食物繊維の特性で胃にとどまる時間が長くなります。これにより吸収のスピードを抑え食後高血糖の抑制、コレステロールや中性脂肪を低下させます。血糖値の上昇が緩やかになることで、肥満の予防や改善も期待できます。

血圧の上昇抑制パワー

カリウムが豊富な食事は、過剰に摂ったナトリウムや水分の排泄を促し、血圧の上昇を抑える働きがあります。

酸化抑制パワー

野菜に含まれるβ・カロテン、ビタミンC・Eやカロテノイドのほか、ポリフェノールなどの色素成分、海藻に含まれるフコイダンなどのフィトケミカルには、抗酸化作用、感染予防、がん予防の効果が期待できます。

　これらの健康パワーを得るため野菜は **1 日 350g 以上が目標**です。
　しかし料理を作る時間がない、手間がかかる、市販のおかずは価格が高いなど、野菜を摂りにくくする問題があります。
　さまざまな問題を解決するためには、短時間で簡単に作る工夫、身近な食材や比較的価格が安定した野菜やきのこ類、長期保存可能な乾燥野菜を積極的に使う方法を知り、料理や食・栄養に関心を持ち、だれもが調理に参加することが望まれます。

1品で主食と主菜、副菜

がそろう料理

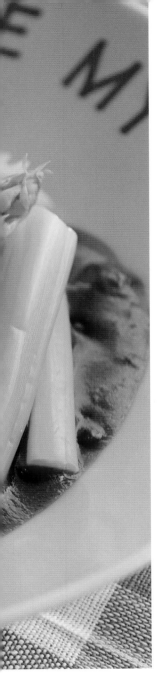

レトルトカレーで作る

カラフルカレーライス

1人分｜エネルギー **500kcal**　食塩相当量 **3.2g**　食物繊維 **4.8g**

食塩が多く、野菜やタンパク質が不足しがちなレトルト食品は、電子レンジで加熱をした野菜と卵を加えると、塩分は増やさず、不足するものを補います。

材料（1食分）

ご飯	150g
レトルトカレー	1食分（200g）
ぶなしめじ	50g
エリンギ	30g
アスパラガス	60g（2本）
パプリカ	30g
温泉卵（市販品）	1個

作り方

❶ しめじは石づきを落とし手で小房にわけ、エリンギは手で裂く。アスパラガスは洗い、茎の部分を切り落とし、4等分に切り、パプリカはくし形に切る。

❷ ❶を耐熱容器に入れ600Wの電子レンジで2分加熱。

❸ カレー皿にご飯をよそい、レトルトカレーをかけて600Wの電子レンジで4〜5分加熱、❷の野菜と温泉卵をのせて完成。

主食	主菜	副菜	包丁	コンロ	オーブン	電子レンジ	時短料理	作り置き可能
○	○	○	○			○	○	

ナポリタン

1人分 | エネルギー **574kcal**　食塩相当量 **2.6g**　食物繊維 **5.9g**

スパゲッティをゆでる間に、電子レンジで野菜を加熱することで、1日摂取目標量の半分に相当する170gの野菜を使っても、短時間で作ることができます。

材料（1食分）

スパゲッティ（乾燥）…60g
あらびきウインナー…50g
たまねぎ…100g（1/2個）
ピーマン…40g（1個）
ぶなしめじ…30g

オリーブ油…10g（大さじ1弱）
トマトケチャップ…36g（大さじ2）
塩…少々
粗びきこしょう…適量

作り方

❶ たまねぎはくし形、ピーマンは1cm程度の斜め切り、しめじは石づきを切り落とし手で小房にわける。ウインナーは斜めに3か所程度切れ目を入れておく。

❷ フライパンに水を張り火にかけ沸騰したらスパゲッティをゆで、麺のゆであがる1分前にウインナーを加え時間になったら湯切りする。

❸ 野菜は耐熱容器に入れて600Wの電子レンジで2分加熱。

❹ ❷のフライパンに油を敷き、スパゲッティとウインナー、❸の野菜を炒め、ケチャップを加え、ソースを絡めるようにさらに炒め、塩こしょうをして完成。

Topics　**乾麺のエネルギー**
スパゲッティ20gが80kcal。60gの乾麺はご飯150gと同じ240kcalに相当します。
（「糖尿病食事療法のための食品交換表」より）

お弁当活用例

お弁当箱におかずを詰める細かな作業はいりません。フルーツやヨーグルトを添えて。

主食	主菜	副菜	包丁	コンロ	オーブン	電子レンジ	時短料理	作り置き可能
○	○	○	○	○		○	○	

電子レンジを活用

くるみ入り
レタスチャーハン

1人分｜エネルギー 584kcal　食塩相当量 3.2g　食物繊維 4.7g

くるみは脂質が多く高エネルギーですが、動脈硬化を予防する脂肪酸を含みます。電子レンジで作ると調理油が少なくても焦げつかず、エネルギーも減らせます。

材料（1食分）

ご飯	150g
卵	1個
ロースハム	40g
たまねぎ	50g（1/4個）
えのきたけ	30g
ピーマン	40g（1個）
レタス	30g
くるみ	15g
ごま油	3g（小さじ1）
中華スープの素（ペーストタイプ）	5g

作り方

❶ ロースハムとピーマンは1cm程度、たまねぎとえのきたけは5mm程度に切り、大きめの耐熱容器に入れ、ラップをして600Wの電子レンジで1分加熱。

❷ ❶に溶き卵とご飯を加え、しゃもじでよく混ぜ、ラップをせず600Wのレンジで2分加熱。電子レンジから取り出し、ごま油、中華スープの素を加え全体をよく混ぜ、再度600Wの電子レンジで2分加熱。全体に火が通りパラパラになれば砕いたくるみと手でちぎったレタスを加えて全体を混ぜ、器に盛り付けて完成。

主食	主菜	副菜	包丁	コンロ	オーブン	電子レンジ	時短料理	作り置き可能
○	○	○	○			○		

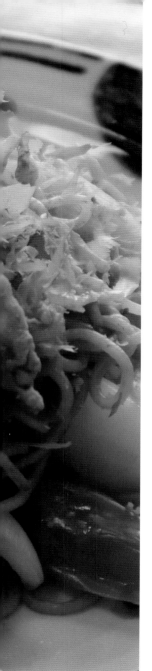

電子レンジを活用

野菜が主役のソース焼きそば

1人分｜エネルギー **607kcal**　食塩相当量 **3.9g**　食物繊維 **6.2g**

調理時間短縮とソースの使用量をひかえるために、240gの
野菜は電子レンジを使い調理と調味を済ませます。豚肉は
脂身の少ない部位を使いましょう。

材料（1食分）

中華めん（ゆで）‥‥‥‥‥‥‥ 1玉（150g）
キャベツ‥‥‥‥‥‥‥‥‥‥‥ 100g
たまねぎ‥‥‥‥‥‥‥‥‥‥‥ 50g（1/4個）
もやし‥‥‥‥‥‥‥‥‥‥‥‥ 50g
ピーマン‥‥‥‥‥‥‥‥‥‥‥ 40g（1個）
豚肩ロース肉スライス‥‥‥‥ 90g
サラダ油‥‥‥‥‥‥‥‥‥‥‥ 8g（小さじ2）
中華スープの素（ペーストタイプ）‥‥‥‥ 5g
ウスターソース‥‥‥‥‥‥‥‥ 18g（大さじ1）
粗びきこしょう‥‥‥‥‥‥‥‥ 適量
削り節‥‥‥‥‥‥‥‥‥‥‥‥ 2.5g（小パック1）

作り方

❶ もやしは水洗いし、キャベツ、たまねぎ、ピーマンは食
　べやすい大きさに切る。

❷ ❶を耐熱容器に入れラップをして600Wの電子レンジ
　で5分加熱し、中華スープの素を絡める。

❸ フライパンに油を敷き豚肉を炒め、肉に火が通ったら麺
　を加える。麺がほぐれたらソースとこしょうを麺に絡め、
　❷の野菜を加え強火で水分を飛ばしながら炒める。

❹ 皿に盛り付け、削り節を添えて完成。

主食	主菜	副菜	包丁	コンロ	オーブン	電子レンジ	時短料理	作り置き可能
○	○	○	○	○		○	○	

13

一人用土鍋で作る 鍋焼きうどん

1人分｜エネルギー **429kcal**　食塩相当量 **4.7g**　食物繊維 **5.1g**

材料（1食分）

冷凍うどん		1玉
	白菜	150g
A	にんじん	20g
	小松菜	30g
豚ロース肉切り落とし		40g
卵		1個
青ねぎ		15g
粉末うどんスープ		8g（1袋）
七味唐辛子		適量

作り方

1. A内の野菜は長さ3cm幅1cm程度の短冊に切り、青ねぎは小口切りにする。
2. 鍋に水とA内の野菜を入れて弱火にかけ、豚肉を加え箸でほぐす。
3. 野菜に火が通ったら、粉末うどんスープとうどんを加えさらに煮込む（冷凍うどんはあらかじめ600Wの電子レンジで2分加熱）。
4. 卵を落としたら火を止め、青ねぎを添えお好みで七味唐辛子を振り完成。

Topics　**減塩の工夫**

汁麺は塩分が多く、1食で1日の食塩摂取目標量になるものもあります。たくさんの具を入れ1品でも食事の満足度を高め、汁は飲み干さずに残す、粉末スープを1/3量少なく入れるなど、工夫をしましょう。

主食	主菜	副菜	包丁	コンロ	オーブン	電子レンジ	時短料理	作り置き可能
○	○		○	○		○	○	

1品で主菜と副菜
がそろう料理

カップスープの素で作る

おかずになる具だくさんスープ

1人分 ｜ エネルギー **165kcal**　食塩相当量 **2.5g**　食物繊維 **3.0g**

市販のカップスープの素に加熱した野菜を加えた具だくさんスープ。
野菜を電子レンジで加熱すると、さらに調理の手間と時間が短縮できます。

材料（1食分）

カップスープの素（ポタージュ）……1袋	ロースハム……40g
チンゲン菜……100g（1株）	熱湯……150cc
ぶなしめじ……30g	粗びきこしょう……適量

作り方

❶ チンゲン菜は長さ2〜3cmに切り、しめじは石づきを落とし手で小房に分ける。
　ロースハムは好みの大きさに切る。

❷ 耐熱容器に❶を入れ、ラップをして600Wの電子レンジで2分加熱。

❸ 器にカップスープの素を入れて熱湯をそそぎよくかき混ぜ、❷としょうを加
　え完成。

　＊写真はベーグルとチーズを添えています。

主食	主菜	副菜	包丁	コンロ	オーブン	電子レンジ	時短料理	作り置き可能
	○	○	○			○	○	

ほうれん草と卵のグラタン

1人分｜エネルギー **214kcal**　食塩相当量 **2.0g**　食物繊維 **3.9g**

下ゆでした野菜ときのこ、温泉卵で作る、即席グラタン。
ホワイトソースは少量のお湯で溶いたカップスープの素を代用します。

材料（1食分）

カップスープの素（コーンクリーム）	1袋	ぶなしめじ	30g
熱湯	80cc	温泉卵（市販品）	1個
ほうれん草	100g	とろけるチーズ	20g

作り方

① ほうれん草はゆでて2cm程度の長さに切り手で水分をしぼる。しめじは石づきを落とし手で小房にわけ、ラップで包み600Wの電子レンジで1分加熱。

② 器にカップスープの素を入れ、熱湯を加えよくかき混ぜる。

③ グラタン皿にほうれん草、しめじ、②を加え、軽くかき混ぜ、温泉卵、とろけるチーズをのせてオーブントースターで軽く焦げ目がつくまで焼き完成。

＊写真はトースト1枚を添えています。

主食	主菜	副菜	包丁	コンロ	オーブン	電子レンジ	時短料理	作り置き可能
	○	○	○	○	○	○		

17

白菜と鶏肉の煮物

全量 | エネルギー **674kcal**　食塩相当量 **0.7g**　食物繊維 **17.4g**

作り置きのおかずがあることは、習慣的な野菜摂取につながりますが、同じおかず
は飽きてしまうことや、一度味付けしたものに調味料を加えることで、食塩が多く
なる心配もあります。ここでは味を付けずに作り置きする方法を紹介します。
簡単に済ませたい朝食や昼食の1品、夕食ではもう1品おかずがほしいときなど、1
食の量と味付けを用途に応じてアレンジできます。

材料

白菜	400g
にんじん	200g
ぶなしめじ	200g
鶏もも肉	250g
水	200cc

作り方

❶ 白菜は縦半分に幅2cm程度に切り、にんじんは拍子
切り、しめじは石づきを落として手でほぐしておく。

❷ 鶏肉は一口大に切る。

❸ 鍋に野菜と鶏肉、水を加え火にかけ、全体に火が通
れば完成。

主食	主菜	副菜	包丁	コンロ	オーブン	電子レンジ	時短料理	作り置き可能
	○	○	○	○				○

白菜と鶏肉の味噌汁

1人分 | エネルギー **253kcal**　食塩相当量 **2.1g**　食物繊維 **6.5g**

野菜と鶏肉が入った味噌汁は、1品でおかずになります。朝食の1品に便利です。

材料（1食分）

基本 白菜と鶏肉の煮物	1/3 量
水	50 ～ 100cc
味噌	15g
七味唐辛子	適量

作り方

❶ 白菜と鶏肉の煮物に水を加え、火にかける（水は煮物の水分により調節）。

❷ ❶が煮立ってきたら味噌を加え完成。

主食	主菜	副菜	包丁	コンロ	オーブン	電子レンジ	時短料理	作り置き可能
	○	○		○			○	

白菜と鶏肉のポトフ風

1人分 | エネルギー **238kcal**　食塩相当量 **2.8g**　食物繊維 **5.8g**

写真は1人分で盛り付けていますが、2 ～ 3人分に分けて小鉢としても使えます。

材料（1食分）

基本 白菜と鶏肉の煮物	1/3 量
水	50 ～ 100cc
コンソメ	6g（小さじ 2）
粗びきこしょう	適量

作り方

❶ 白菜と鶏肉の煮物とコンソメ、水を加え火にかける（水は煮物の水分により調節）。

❷ ❶が煮立ってきたら火を止め器に盛り付け、こしょうを振り完成。

主食	主菜	副菜	包丁	コンロ	オーブン	電子レンジ	時短料理	作り置き可能
	○	○		○			○	

白菜と鶏肉のカレースープ

1人分 | エネルギー **308kcal**　食塩相当量 **2.0g**　食物繊維 **6.5g**

シンプルなパンやご飯、冷凍チャーハン等の主食と組み合わせましょう。

材料（1食分）

基本 白菜と鶏肉の煮物 ⋯⋯	1/3量
水 ⋯⋯⋯⋯⋯⋯⋯⋯⋯⋯⋯	50 ～ 100cc
カレー粉 ⋯⋯⋯⋯⋯⋯⋯⋯	0.5g（小さじ 1/4）
トマトケチャップ ⋯⋯⋯⋯	6g（小さじ 1）
カレールウ ⋯⋯⋯⋯⋯⋯⋯	15g

作り方

① 白菜と鶏肉の煮物とカレー粉、トマトケチャップ、カレールウ、水を加え、火にかける（水は煮物の水分により調節）。

② こまめにかき混ぜ、5 分程度煮込み完成。

主食	主菜	副菜	包丁	コンロ	オーブン	電子レンジ	時短料理	作り置き可能
	○	○		○			○	

主食・主菜・副菜
を組み合わせた料理

お麩の卵とじ／小松菜のお浸し／大根のピクルス

1人分｜エネルギー **515kcal**　食塩相当量 **2.6g**　食物繊維 **7.0g**

安価で安定した価格で買えるたまねぎと卵を使った主菜です。電子レンジを使って作るお浸しと酢の物は多めに作り、冷蔵庫でストックできます。

ご飯（2食分）……… 300g
お麩の卵とじ

1人分｜エネルギー **215kcal**　食塩相当量 **2.2g**　食物繊維 **2.7g**

材料（2食分）

卵 ……………… 3個	たまねぎ …… 150g
にんじん …… 30g	焼き麩 ……… 20g
いんげん …… 50g	
だし汁 ……… 300cc	
（水と粉末だしでも可）	
砂糖 ………… 9g（大さじ1）	
うす口しょうゆ	
……… 24g（大さじ1・1/3）	
青ねぎ（あれば）適量	

作り方

1. たまねぎは5mm程度のスライス、にんじんは拍子切り、いんげんは斜め切りに。焼き麩は水につけてもどしておく。
2. 鍋にだし汁、たまねぎ、にんじん、水を絞った焼き麩、しょうゆ、砂糖を加え水分が半分以下になるまで煮込む。
3. ❷に卵液を加え30秒ほど加熱し火を止めて余熱で仕上げる。
4. 器に盛り付け完成。

小松菜のお浸し

1人分 | エネルギー **17kcal**　食塩相当量 **0.3g**　食物繊維 **1.8g**

材料（2食分）

小松菜……… 100g　　めんつゆ（3倍濃縮）… 6g（小さじ1）
しいたけ…… 40g（2枚）　削り節………………………… 2.5g（小パック1）

作り方

❶ 小松菜は長さ3cm程度、しいたけの傘は幅1cm
　程度に切り、耐熱容器に入れ、600Wの電子レ
　ンジで2分加熱。
❷ ❶にめんつゆと削り節を加え、冷めたら器に盛
　り付け完成。

大根のピクルス

1人分 | エネルギー **43kcal**　食塩相当量 **0.1g**　食物繊維 **2.2g**

材料（2食分）

大根 ……………… 200g　　カットわかめ…… 1g　　　砂糖 …………… 9g（大さじ1）
ぶなしめじ……… 40g　　穀物酢……… 30cc（大さじ2）　粗びきこしょう … 適量

作り方

❶ 大根は皮をむき、1cm角の拍子切り、しめじは
　石づきを切り落とし手でほぐし、耐熱容器に入
　れラップをして、600Wの電子レンジで3分加
　熱。熱いうちに、水でもどしたカットわかめ、酢、
　砂糖、こしょうを加え、粗熱がとれたら冷蔵庫
　で冷やす。
❷ 器に盛り付け完成。

お麩の卵とじ

主食	主菜	副菜	包丁	コンロ	オーブン	電子レンジ	時短料理	作り置き可能
	○	○	○	○				

小松菜のお浸し

主食	主菜	副菜	包丁	コンロ	オーブン	電子レンジ	時短料理	作り置き可能
		○	○			○	○	○

大根のピクルス

主食	主菜	副菜	包丁	コンロ	オーブン	電子レンジ	時短料理	作り置き可能
		○	○			○	○	○

鮭のバター焼き／豆腐とトマトの塩昆布サラダ／ひじきの煮物

1人分 | エネルギー **645kcal**　食塩相当量 **2.5g**　食物繊維 **7.6g**

鮭は食塩が少なく EPA や DHA が豊富な生鮭を選びます。トマトと豆腐のサラダは塩昆布とごま油で味付けし、ひじきの煮物は多めに作り常備菜に。

ご飯（2食分）⋯⋯ 300g

鮭のバター焼き

1人分 | エネルギー **254kcal**　食塩相当量 **0.7g**　食物繊維 **1.3g**

材料（2食分）

生鮭 ⋯⋯⋯ 2切れ（200g）	バター ⋯⋯⋯⋯ 10g
塩 ⋯⋯⋯⋯ 1g	いんげん（冷凍）⋯ 60g
粗びきこしょう ⋯ 適量	レモンスライス ⋯⋯ 2枚

作り方

❶ 鮭に塩こしょうをする。

❷ 熱したフライパンにバターを敷き、❶の鮭の両面を色がつくまで中火で焼き、途中でいんげんを加え一緒に炒める。

❸ 皿に鮭といんげんを盛り付け、レモンを添えて完成。

豆腐とトマトの塩昆布サラダ

1人分 | エネルギー **98kcal**　食塩相当量 **0.9g**　食物繊維 **2.0g**

材料（2食分）

絹ごし豆腐 ⋯⋯ 200g	塩昆布 ⋯⋯⋯ 10g
トマト ⋯⋯⋯⋯ 200g（1個）	ごま油 ⋯⋯⋯ 8g（小さじ2）
大葉 ⋯⋯⋯⋯ 6枚	

作り方

❶ トマトは半分に切りへたの部分を切り落とし、1cm程度のスライス、豆腐も同じくらいの大きさに切る。

❷ 大葉4枚はせん切り、2枚はそれぞれの皿の豆腐の下に敷く。

❸ 皿に❶を盛り付け、上にせん切りした大葉と塩昆布をのせ、ごま油をかけて完成。

ひじきの煮物

1人分 │ エネルギー **53kcal**　食塩相当量 **0.9g**　食物繊維 **4.0g**

材料（4食分）

乾燥ひじき ………… 20g
にんじん ……………… 100g
油あげ ………………… 10g
サラダ油 ……………… 8g（小さじ2）
だし汁 ………………… 150cc（3/4カップ）
砂糖 …………………… 12g（大さじ1・1/3）
こい口しょうゆ …… 18g（大さじ1）

作り方

❶ 乾燥ひじきはボールに入れ熱湯をかけてもどし、ざるにあげる。
❷ 鍋に油を敷き、❶のひじきを入れて炒め、にんじんを加えさらに炒める。
❸ だし汁、砂糖、しょうゆ、刻んだ油揚げを加え弱火にして、水分が少なくなるまで煮込み完成。

Topics **ひじきの煮物の作り置き保存方法**

余ったひじきの煮物はアルミカップなどに小分けにして密閉容器に入れ冷凍保存。凍ったまま弁当箱に詰めると食べる頃に解凍されます。

お弁当
活用例

鮭のバター焼き

主食	主菜	副菜	包丁	コンロ	オーブン	電子レンジ	時短料理	作り置き可能
	○			○				

豆腐とトマトの塩昆布サラダ

主食	主菜	副菜	包丁	コンロ	オーブン	電子レンジ	時短料理	作り置き可能
	○	○	○				○	

ひじきの煮物

主食	主菜	副菜	包丁	コンロ	オーブン	電子レンジ	時短料理	作り置き可能
		○	○	○				○

ひじきの混ぜご飯／鶏肉のソテー／
もやしの中華和え

1人分 ｜ エネルギー **622kcal**　　食塩相当量 **2.7g**　　食物繊維 **7.9g**

ひじきの混ぜご飯は、白米と比べ食物繊維が約10倍。鶏肉は野菜と一緒にソテー。
もやしは、電子レンジで加熱し、めんつゆとごま油で中華風に味付けします。

ひじきの混ぜご飯

1人分 │ エネルギー **293kcal**　食塩相当量 **0.9g**　食物繊維 **4.3g**

材料（2食分）
ご飯 ……………………… 300g
ひじきの煮物 ……… 2食分
　（作り方は26ページを参照）

作り方
❶ 温かいご飯にひじきの煮物を混ぜ完成。

鶏肉のソテー

1人分 │ エネルギー **272kcal**　食塩相当量 **1.1g**　食物繊維 **2.1g**

材料（2食分）
鶏もも肉 ……………… 200g
塩 ………………………… 2g
粗びきこしょう ……適量
たまねぎ ………………100g（1/2個）
パプリカ ………………60g（1/6個）
しいたけ ………………40g（2枚）
オリーブ油 ………… 8g（小さじ2）

作り方
❶ 鶏肉は2等分に切り、肉の厚いところは包丁で切れ目を入れ、火が通りやすいようにして、塩こしょうを振る。
❷ たまねぎは1cm幅の半月形、パプリカは縦にくし形に切り、しいたけの足は切り落としておく。
❸ 油を敷いたフライパンを火にかけ、鶏肉を皮のほうから焼く。フライパンの空いたところにたまねぎ、パプリカ、しいたけを入れ一緒に焼く。
❹ 鶏肉の皮にこんがりと焼き色がついたら裏返し、蓋をして中まで火が通るように蒸し焼きにする。
❺ 鶏肉に火が通ったら、皿に盛り付けて完成。

もやしの中華和え

1人分 ｜ エネルギー **57kcal**　食塩相当量 **0.7g**　食物繊維 **1.5g**

材料（2食分）

もやし	160g	めんつゆ（3倍濃縮）	6g（小さじ1）
きゅうり	90g（1本）	穀物酢	10cc（小さじ2）
カニ風味かまぼこ	40g	ごま油	4g（小さじ1）

作り方

❶ もやしは水洗いし、ざるにあげて水を切り、耐熱容器に入れて600Wの電子レンジで3〜4分加熱。常温で粗熱をとる。

❷ きゅうりは細切りにして少量の塩を振りしんなりさせる。

❸ もやし、きゅうりは手で水分をしぼり、カニ風味かまぼこを合わせ、めんつゆ、酢、ごま油を加え全体をかき混ぜ完成。

ひじきの混ぜご飯

主食	主菜	副菜	包丁	コンロ	オーブン	電子レンジ	時短料理	作り置き可能
○		○					○	

鶏肉のソテー

主食	主菜	副菜	包丁	コンロ	オーブン	電子レンジ	時短料理	作り置き可能
	○	○	○	○				

もやしの中華和え

主食	主菜	副菜	包丁	コンロ	オーブン	電子レンジ	時短料理	作り置き可能
		○	○			○	○	○

鶏肉のカレーソテー／いんげんの バター炒め／小松菜のからし和え／ 具だくさん味噌汁

1人分｜エネルギー **546kcal**　食塩相当量 **2.9g**　食物繊維 **7.8g**

カレー粉をまぶして焼いた鶏肉のソテーは、香辛料を使用する減塩の工夫のひとつ です。味噌汁は、煮干しと具材を一緒に煮込むので、だしをとる手間が省けます。

ご飯（2食分）……… 300g

鶏肉のカレーソテー

1人分 │ エネルギー **176kcal** 食塩相当量 **1.1g** 食物繊維 **0.4g**

材料（2食分）
鶏むね肉（皮なし）……… 200g
酒 ……………… 15g（小さじ2）
塩 ……………… 2g（小さじ1/2弱）
カレー粉 ……… 2g（小さじ1）
小麦粉 ………… 6g（小さじ2）
オリーブ油 ……… 8g（小さじ2）

作り方
❶ 鶏肉を食べやすい大きさのそぎ切りにする。
❷ 鶏肉に酒と塩を振り手で混ぜ、酒をなじませる。
❸ カレー粉と小麦粉を合わせて❷の鶏肉にまぶし、油を敷いたフライパンを火にかけ鶏肉を並べ両面を焼き火を通す。

いんげんのバター炒め

1人分 │ エネルギー **40kcal** 食塩相当量 **0.1g** 食物繊維 **1.7g**

材料（2食分）
いんげん（冷凍）……… 100g
バター ……………………… 5g
ミニトマト …………… 4個

作り方
❶ フライパンを火にかけ、いんげんを乾煎りして水分をとばしバターを加え炒める。
❷ 鶏肉のソテーを盛り付けた皿にいんげんのバター炒め、ミニトマトを添えて完成。

小松菜のからし和え

1人分 │ エネルギー **21kcal** 食塩相当量 **0.4g** 食物繊維 **2.5g**

材料（2食分）
小松菜 …………………… 140g
えのきたけ ……………… 60g
こい口しょうゆ ……… 6g（小さじ1）
ねりからし ……………… 2g

作り方
❶ 小松菜は3cm程度に切り、えのきたけは石づきを切り落とし半分に切る。
❷ 耐熱容器に❶を入れラップをして600Wの電子レンジで2分加熱。熱いうちにしょうゆとからしを加え和える。
❸ 粗熱をとり冷蔵庫で冷やし、器に盛り付けて完成。

具だくさん味噌汁

1人分 | エネルギー **69kcal**　食塩相当量 **1.3g**　食物繊維 **2.9g**

材料（2食分）

白菜	140g	油揚げ	10g	煮干し	5尾程度
大根	140g	味噌	20g		
にんじん	30g	水	350cc		

作り方

❶ 白菜、大根、にんじん、油揚げは短冊に切る。

❷ 水と煮干し、❶の材料すべてを鍋に入れ、ごくごく弱火でゆっくりと加熱する。

❸ 沸騰してきたら吹きこぼれないように注意し、5分程度煮たら火を止め、煮干しを取り出し、味噌を加えて完成。

Topics　**味噌と血圧**

大豆に含まれるたんぱく質が発酵熟成の過程でペプチドとなり、そのペプチドが血圧の上昇を抑える可能性がわかっています。

野菜たっぷりの味噌汁はカリウムも豊富に含まれ、カリウムはナトリウムの排泄を助け血圧の上昇を抑えることが期待できます。

鶏肉のカレーソテー

主食	主菜	副菜	包丁	コンロ	オーブン	電子レンジ	時短料理	作り置き可能
	○		○	○				

いんげんのバター炒め

主食	主菜	副菜	包丁	コンロ	オーブン	電子レンジ	時短料理	作り置き可能
		○		○			○	

小松菜のからし和え

主食	主菜	副菜	包丁	コンロ	オーブン	電子レンジ	時短料理	作り置き可能
		○	○			○	○	○

具だくさん味噌汁

主食	主菜	副菜	包丁	コンロ	オーブン	電子レンジ	時短料理	作り置き可能
		○	○	○				○

きのこの炊き込みご飯／いんげんの ごま和え／なすの揚げびたし／ 魚の塩焼き／きゅうりの酢の物

1人分 | エネルギー **597kcal**　食塩相当量 **2.8g**　食物繊維 **6.3g**

骨のある魚は食べにくく避けられがち。しかしゆっくり食べることにつながる利点があります。副菜3品は、めんつゆと酢を使い、いずれも10分あれば完成。

きのこの炊き込みご飯

1人分 | エネルギー **283kcal**　食塩相当量 **1.0g**　食物繊維 **1.9g**

材料（2食分）
米……………140g（1合）
ぶなしめじ…40g　まいたけ…40g
にんじん……20g　油揚げ……10g
うす口しょうゆ……12g（小さじ2）
酒……………10g（小さじ2）
水……………160cc（好みで調節）

作り方
❶ 米を洗いざるにあげて水をきる。
❷ しめじ、まいたけは石づきを落とし手で小房にわける。
❸ にんじん、油揚げは拍子切りにする。
❹ 炊飯器に米と❷❸の材料、調味料、水を加え炊飯。

いんげんのごま和え

1人分 | エネルギー **42kcal**　食塩相当量 **0.3g**　食物繊維 **1.6g**

材料（2食分）
いんげん…………………80g
白ごま（すりごま）………10g（大さじ2弱）
めんつゆ（3倍濃縮）………6g（小さじ1）

作り方
❶ いんげんをゆで水にさらして冷まし、斜めに切る。
❷ 白すりごまとめんつゆを合わせた衣で和え完成。

なすの揚げびたし

1人分 | エネルギー **113kcal**　食塩相当量 **0.5g**　食物繊維 **1.8g**

材料（2食分）
なす………………160g（2本）
揚げ油……………適量
めんつゆ（3倍濃縮）……9g（大さじ1/2）
だし汁……………30cc（大さじ2）
削り節……………2.5g（小パック1）

作り方
❶ なすはへたを落とし縦半分に切る（大きい時は4つに切る）。
❷ フライパンで多めの油を熱し、❶のなすを両面揚げ焼きにする。
❸ だし汁で割っためんつゆに焼きあがったなすを浸し冷ます。
❹ 皿に盛り付け、削り節を添えて完成。

魚の塩焼き

1人分 | エネルギー **133kcal**　食塩相当量 **0.7g**　食物繊維 **0g**

材料（2食分）

アジなど……… 2尾
塩 …………… 一つまみ
柑橘類
（すだちやレモンなど）適量

作り方

❶ 魚に塩を振り、しばらく置き、魚の表面の水分を
　ペーパータオル等でふき取る。
❷ 軽く塩をしてオーブントースターやグリルで焼く。
❸ 皿に盛り付け、レモンなどを添え完成。

きゅうりの酢の物

1人分 | エネルギー **26kcal**　食塩相当量 **0.3g**　食物繊維 **1g**

材料（2食分）

きゅうり ……… 90g（1本）　砂糖 ……… 6g（小さじ2）
カットわかめ … 4g　　　　　穀物酢 … 30g（大さじ2）

作り方

❶ きゅうりは輪切りにして軽く塩を振り10分ほど置
　き、しんなりしたら手でしぼる。
❷ カットわかめは水でもどし、手でしぼる。
❸ 穀物酢と砂糖を合わせ、❶と❷を和え、器に盛り付
　けて完成。

きのこの炊き込みご飯

主食	主菜	副菜	包丁	コンロ	オーブン	電子レンジ	時短料理	作り置き可能
○		○	○					○

いんげんのごま和え

主食	主菜	副菜	包丁	コンロ	オーブン	電子レンジ	時短料理	作り置き可能
		○	○	○			○	○

なすの揚げびたし

主食	主菜	副菜	包丁	コンロ	オーブン	電子レンジ	時短料理	作り置き可能
		○	○	○			○	○

魚の塩焼き

主食	主菜	副菜	包丁	コンロ	オーブン	電子レンジ	時短料理	作り置き可能
	○				○			

きゅうりの酢の物

主食	主菜	副菜	包丁	コンロ	オーブン	電子レンジ	時短料理	作り置き可能
		○	○				○	○

噛むことは全身の健康に関連

噛むことの８つの効果、頭文字をとって「ひみこのはがいーぜ」で示しています[1]。

ひ：肥満予防………ゆっくりよく噛んで食べると食べ過ぎを防げる
み：味覚の発達……よく味わうことで食べ物の味がよくわかる
こ：言葉の発音はっきり……よく噛むことであごが発達
の：脳の発達……よく噛むことで脳の刺激になる
は：歯の病気予防……噛む回数が多い食事は歯周病の予防につながる
が：ガン予防……食事中の唾液に含まれる酵素が発がん物質の発がん作用を
　　　　　　　消す
いー：胃腸快調……消化を助ける
ゼ：全力投球……噛む力があることで運動能力向上につながる

弥生時代の人の１食の咀嚼時間は51分、咀嚼回数は3990回。
20世紀初頭（明治・大正・昭和初期）の咀嚼時間は22分、咀嚼回数は1400回、
現代人はその半分程度に減少し[2]、１食の咀嚼時間は10分、咀嚼回数は600回
程度といわれています。

「まごわやさしい」で噛む回数を増やし全身の健康維持[3]

ま：まめ　大豆、小豆などの豆類
ご：ごま　ナッツなどの種実類
わ：わかめ　昆布、海藻類
やさ：やさい類
し：しいたけ　しめじなどのきのこ類
い：いも　さつま芋、じゃが芋などのイモ類

　　上記の食材を食事に加えるだけでなく、豆類は形（ホール）のものを食べる、
野菜類は大きめに切るなど、調理の工夫でさらに噛む回数は増えます。

1）『学校食事研究会より』ホームページより引用
2）『よく噛んで食べる 忘れられた究極の健康法』斉藤滋 NHK出版より引用
3）杏林予防医学研究所 山田豊文提案を引用

大豆ご飯／鶏肉のうま煮／
大きい具の味噌汁

1人分｜エネルギー **732kcal**　食塩相当量 **4.1g**　食物繊維 **11.5g**

大豆は骨の健康に役立つ大豆イソフラボンを含むだけでなく、咀嚼を増やす食材の
一つ。きのこやごぼう、大きく切った野菜でさらに咀嚼の回数を増やします。

大豆ご飯

1人分 │ エネルギー **280kcal**　食塩相当量 **1.1g**　食物繊維 **2.1g**

材料（2食分）

米	140g（1合）
炒り大豆	14g
梅干し	1個
水	170cc

作り方

❶ 米を洗いざるにあげて水きりをしておく。
❷ 炊飯器にすべての材料を入れ炊飯、炊き上がったら全体を混ぜ完成。

鶏肉のうま煮

1人分 │ エネルギー **346kcal**　食塩相当量 **1.7g**　食物繊維 **5.1g**

材料（2食分）

鶏もも肉	200g（小さめ1枚）
片栗粉	15g（大さじ1・1/2）
大根	200g
板こんにゃく	200g（1枚）
いんげん（冷凍）	60g
オリーブ油	12g（大さじ1）
だし汁	200cc
酒	15g（大さじ1）
砂糖	6g（小さじ2）
こい口しょうゆ	27g（大さじ1・1/2）
豆板醤	7g（小さじ1）

作り方

❶ 鶏肉は食べやすい大きさに切り、片栗粉をまぶす。
❷ こんにゃくは厚さ1cm程度の適当な大きさに切り、ボールに入れ、塩でもみ水洗いをしておく。大根は厚さ1cm程度の半月形に切る。
❸ フライパンに油を敷き鶏肉を焼き、大根、こんにゃく、だし汁、調味料を加え、アルミ箔などで落し蓋をして、弱火から中火で水分が少なくなるまで煮込む。最後にいんげんを加える。
❹ 器に盛り付けて完成。

大豆ご飯

主食	主菜	副菜	包丁	コンロ	オーブン	電子レンジ	時短料理	作り置き可能
○								○

鶏肉のうま煮

主食	主菜	副菜	包丁	コンロ	オーブン	電子レンジ	時短料理	作り置き可能
	○	○	○	○				○

大きい具の味噌汁

主食	主菜	副菜	包丁	コンロ	オーブン	電子レンジ	時短料理	作り置き可能
		○	○	○				

大きい具の味噌汁

1人分｜エネルギー**106kcal**　食塩相当量**1.3g**　食物繊維**4.3g**

材料（2食分）

じゃがいも ……… 100g
にんじん ………… 50g
ごぼう …………… 40g
生しいたけ …… 40g（2枚）
エリンギ ……… 40g（小1本）
油揚げ …………… 10g
水 ……………… 350cc
煮干し ………… 5尾程度
味噌 ……………… 20g

作り方

❶ じゃがいもは3cm角くらいの大きさに切り、にんじん、ごぼうは長さ3cm程度に切り、太い時は縦に2～4等分に切る。しいたけは傘の部分を4等分に切り、エリンギは長いものは半分に切り、手で縦に裂いておく。

❷ 鍋に水、煮干し、❶の材料をすべて入れ、弱火で15分程度煮る。

❸ すべての野菜に火が通ったら煮干しを取り出し、油揚げと味噌を加えて完成。

Topics

余ったきのこ類の保存方法

ぶなしめじ・まいたけ…石づきを落とし適当に小房に分けて保存袋に入れ冷凍。
しいたけ……足を落とし傘だけにして保存袋に入れ冷凍。
えのきたけ………石づきを落とし使いやすい量（30～50g程度）をラップにくるみ保存袋に入れ冷凍。

  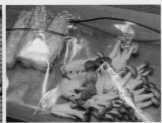

いずれも水洗いはせず、汚れが気になればペーパータオルで軽くふきとる程度に。

麦入りご飯／和風サバカレー／
水菜のサラダ

1人分 | エネルギー **648kcal**　食塩相当量 **3.7g**　食物繊維 **9.9g**

EPAやDHAを豊富に含み、だしの役割にもなるサバの水煮と大根やごぼう、こんにゃくを使った和風カレー。麦入りご飯で食物繊維と咀嚼を更に増やします。

麦入りご飯

1人分 | エネルギー **267kcal**　食塩相当量 **0g**　食物繊維 **1.0g**

材料（2食分）

米 ……… 140g　　押し麦 ……… 15g
水 ……… 180cc

作り方

❶ とぎ洗いした米に麦と水を加え、通常通り炊飯する。

和風サバカレー

1人分 | エネルギー **295kcal**　食塩相当量 **3.2g**　食物繊維 **6.8g**

材料（2食分）

サバの水煮（缶詰）……130g	たまねぎ…………100g	水……400cc（2カップ）
板こんにゃく……150g	にんじん…………60g	ケチャップ……18g（大さじ1）
大根…………100g	ごぼう…………60g	カレー粉……2g（小さじ1）
	しょうが（刻み）…5g	カレールウ……35g

作り方

❶ 大根、にんじん、ごぼうは乱切り。たまねぎはくし形に切る。板こんにゃくは2cm程度の大きさに切り下ゆでする。

❷ 鍋に❶の材料と水、サバの水煮を入れ、火にかけて野菜に火が通ったら、トマトケチャップ、しょうが、カレー粉を加えさらに煮込む。

❸ カレールウを加え、時々かき混ぜながらさらに15分程度煮て完成。

水菜のサラダ

1人分 | エネルギー **86kcal**　食塩相当量 **0.5g**　食物繊維 **2.1g**

材料（2食分）

水菜…………60g	ミニトマト……4個
レタス……60g	ドレッシング……大さじ1
ピーマン……40g（1個）	（今回はフレンチドレッシング使用）
ツナ水煮…60g	

作り方

❶ 水菜は水洗いして3cm程度に切り、レタスは洗い手で食べやすい大きさにちぎる。ピーマンは細切りにする。

❷ ❶の野菜とツナを盛り付け、食べるときにドレッシングをかけて完成。

麦入りご飯

主食	主菜	副菜	包丁	コンロ	オーブン	電子レンジ	時短料理	作り置き可能
○								○

和風サバカレー

主食	主菜	副菜	包丁	コンロ	オーブン	電子レンジ	時短料理	作り置き可能
	○	○	○	○				○

水菜のサラダ

主食	主菜	副菜	包丁	コンロ	オーブン	電子レンジ	時短料理	作り置き可能
		○	○				○	

野菜ジュースのピラフ／
鶏肉のクリーム煮

1人分 | エネルギー **690kcal**　食塩相当量 **1.8g**　食物繊維 **8.0g**

野菜ジュースは一部のビタミンを補うことができますが、食物繊維やビタミンCが
少ないため、きのこやじゃがいもなどを使った料理と組み合わせます。

野菜ジュースのピラフ

主食	主菜	副菜	包丁	コンロ	オーブン	電子レンジ	時短料理	作り置き可能
○			○					○

鶏肉のクリーム煮

主食	主菜	副菜	包丁	コンロ	オーブン	電子レンジ	時短料理	作り置き可能
	○	○	○	○				

野菜ジュースのピラフ

1人分 | エネルギー **301kcal**　食塩相当量 **1.0g**　食物繊維 **1.9g**

材料（2食分）

米 ……………… 140g（1合）	野菜ジュース（果物・食塩不使用）
シーフードミックス … 100g	……………… 100cc
たまねぎ ……… 50g（1/4個）	水 ……………… 100cc
にんじん ……… 30g	コンソメ ……… 3g（小さじ1）
いんげん ……… 40g	カレー粉 ……… 1g（小さじ1/2）
	粗びきこしょう … 適量

作り方

① たまねぎ、にんじん、いんげんは5mm角に切る。

② 米は洗い、ざるにあげて水をきる。

③ 炊飯器に米とコンソメ、野菜ジュース、水、全ての調味料を入れ、全体を軽く混ぜたら①の野菜とシーフードミックスを加え炊飯、炊き上がったら全体を混ぜて完成。

鶏肉のクリーム煮

1人分 | エネルギー **389kcal**　食塩相当量 **0.8g**　食物繊維 **6.1g**

材料（2食分）

鶏もも肉（皮なし）……… 200g	サラダ油 ……… 18g（大さじ1・1/2）
小麦粉 ……… 10g（大さじ1）	酒 ……………… 15g（大さじ1）
じゃがいも ……… 150g	水 ……………… 50cc（1/4カップ）
ぶなしめじ ……… 100g	牛乳 ……………… 200cc（1カップ）
エリンギ ……… 60g	ゆずこしょう ……… 10g（小さじ2）
ブロッコリー ……… 100g	

作り方

① 鶏肉は一口大に切り、酒をからめ、小麦粉をまぶす。

② エリンギは長さを半分に切り、縦に4等分に切る。ぶなしめじは石づきを落として手でほぐしておく。

③ じゃがいもは皮をむき2〜3cm角に切り、水にさらす。

④ ブロッコリーは小房に分け水洗いをして600Wの電子レンジで3分加熱し、冷水につけて冷ます。

⑤ フライパンに油を敷き、鶏肉、エリンギ、しめじ、じゃがいもを炒め、水と牛乳を加え蓋をして弱火で吹きこぼれないように注意をしながらとろみがでるまで煮込む。

⑥ ⑤にゆずこしょうを溶かし、ブロッコリーを加える。

⑦ 器に盛り付けて完成。

鶏肉の変わり衣焼き／なすの生姜和え／
長いも入りもずく酢／にんじんのきんぴら

1人分 | エネルギー **573kcal**　食塩相当量 **2.7g**　食物繊維 **8.1g**

脂質の少ない鶏むね肉を、良質な脂質を含むごまやくるみと組み合わせます。
市販のもずく酢は野菜を加えるとかさがでて、咀嚼を増やすことができます。

ご飯（2食分）…… 300g

鶏肉の変わり衣焼き

1人分 | エネルギー**204kcal**　食塩相当量**0.6g**　食物繊維**2.5g**

材料（2食分）

鶏むね肉（皮なし）………	200g
酒………………………	15g（大さじ1）
こい口しょうゆ…………	6g（小さじ1）
片栗粉…………………	6g（小さじ2）
くるみ…………………	10g
白いりごま……………	6g（大さじ1）
ブロッコリー…………	60g（茹でておく）
ミニトマト……………	4個

作り方

❶ 鶏肉は1cm程度の厚さで8〜10枚に切り、酒としょうゆにつけておく。

❷ ❶に片栗粉を加え全体に絡め、砕いたくるみとごまをそれぞれ片面につける。

❸ オーブントースターの天板に衣がついた側を上にして並べ10分焼く。

❹ 中まで火が通ったことを確認し、皿に盛り付け、ブロッコリーとミニトマトを添えて完成。

鶏肉の変わり衣焼き

主食	主菜	副菜	包丁	コンロ	オーブン	電子レンジ	時短料理	作り置き可能
	○		○		○			

なすの生姜和え

1人分 | エネルギー **21kcal**　食塩相当量 **0.4g**　食物繊維 **1.9g**

材料（2食分）

なす……………………160g（2本）
こい口しょうゆ……… 6g（小さじ1）
みりん……………… 6g（小さじ1）（あれば）
しょうが（すりおろし）……… 10g

作り方

❶ なすは縦半分、厚さ1cmの半月形に切り、水につけておく。

❷ 鍋で湯を沸かし、❶のなすを1分ほどゆでてざるにあげ、常温で冷ます。

❸ なすが冷めたら手で水分をしぼり、しょうゆ、みりんとおろししょうがを合わせた調味液で和える。

長いも入りもずく酢

1人分 | エネルギー **53kcal**　食塩相当量 **0.9g**　食物繊維 **1.4g**

材料（2食分）

もずく酢（市販品）……… 2カップ（120g）
長いも…………………… 100g
きゅうり……………… 90g（1本）
レモン…………………… 適宜（あれば）

作り方

❶ 長いもは皮をむき一口大に切り、きゅうりは0.5mmの輪切りに。

❷ 器に❶を入れ、市販のもずく酢を加え、レモンを添えて完成。

にんじんのきんぴら

1人分 | エネルギー **55kcal**　食塩相当量 **0.8g**　食物繊維 **2.0g**

材料 (2食分)

にんじん ……… 150g　　　こい口しょうゆ ……… 12g (小さじ2)
ごま油 ……… 4g (小さじ1)　和風顆粒だし ……… 3g (小さじ1)
砂糖 ……… 3 (小さじ1)　　水 ……… 30cc (大さじ2)

作り方

❶ にんじんは皮をむき千切りにする。

❷ 鍋に油を敷き、❶のにんじんを炒め、砂糖、顆粒だし、水、しょうゆを加え時々箸で混ぜながら煮る。水分が少なくなれば完成。

Topics **にんじんのきんぴらの作り置き保存方法**

残ったにんじんのきんぴらはアルミケースなどに小分けにして容器に入れて冷凍保存ができます。

主食・主菜・副菜を組み合わせた料理

鶏肉の変わり衣焼き／なすの生姜和え／長いも入りもずく酢／にんじんのきんぴら

なすの生姜和え

主食	主菜	副菜	包丁	コンロ	オーブン	電子レンジ	時短料理	作り置き可能
		○	○	○			○	○

長いも入りもずく酢

主食	主菜	副菜	包丁	コンロ	オーブン	電子レンジ	時短料理	作り置き可能
		○	○				○	○

にんじんのきんぴら

主食	主菜	副菜	包丁	コンロ	オーブン	電子レンジ	時短料理	作り置き可能
		○	○	○				○

ホタテのムニエル／切り干し大根の
サラダ／きのこの酢の物

1人分 | エネルギー **681kcal**　食塩相当量 **3.1g**　食物繊維 **9.5g**

ホタテのムニエルにはトマトの水煮とたまねぎのソースを添えます。切り干し大根
の煮物はサラダにアレンジ。きのこの酢の物は多めに作れば常備菜になります。

ホタテのムニエル

主食	主菜	副菜	包丁	コンロ	オーブン	電子レンジ	時短料理	作り置き可能
	○	○		○				

切り干し大根のサラダ

主食	主菜	副菜	包丁	コンロ	オーブン	電子レンジ	時短料理	作り置き可能
		○					○	

きのこの酢の物

主食	主菜	副菜	包丁	コンロ	オーブン	電子レンジ	時短料理	作り置き可能
		○	○			○	○	○

ご飯（2食分）‥‥‥‥ 300g

ホタテのムニエル

1人分｜エネルギー **297kcal**　食塩相当量 **1.9g**　食物繊維 **3.4g**

材料（2食分）

ホタテむき身（ボイル・冷凍）‥‥‥ 300g
小麦粉‥‥‥‥‥‥‥‥ 20g
オリーブ油‥‥‥‥ 大さじ1
トマトの水煮‥‥‥‥ 200g
たまねぎ‥‥‥‥‥ 200g（1個）
セロリ‥‥ 30g　コンソメ‥‥ 4g
粗びきこしょう‥‥‥ 適量
ディルなどのハーブ（あれば）
セロリの葉でも良い

作り方

❶ たまねぎとセロリは粗みじんに切る。
❷ 鍋にトマトの水煮と❶の野菜、コンソ
　メを入れ、水分が少なくなるまで煮込
　み、こしょうを加える。
❸ ホタテのむき身は表面の水分を拭き取
　り、両面にこしょうと小麦粉をまぶし、
　油を敷いたフライパンで、両面をこん
　がり焼く。
❹ 皿に❷と❸を盛り付けて完成。

切り干し大根のサラダ

1人分｜エネルギー **109kcal**　食塩相当量 **0.9g**　食物繊維 **2.1g**

材料（2食分）

切り干し大根の煮物‥‥ 100g　　ツナ水煮‥‥‥‥‥‥ 40g　　ねりからし‥‥‥‥ 2g
　（作り方は52ページを参照）　貝割れ菜‥‥‥‥‥‥ 20g
千切りキャベツ‥‥‥‥ 60g　　マヨネーズ‥‥‥‥‥ 20g

作り方

❶ ボールに切り干し大根の煮物と千切りキャベツ、ツナ
　を入れ、マヨネーズ、ねりからしで和える。
❷ 器に盛り付け、貝割れ菜を添えて完成。

きのこの酢の物

1人分｜エネルギー **35kcal**　食塩相当量 **0.3g**　食物繊維 **3.7g**

材料（2食分）

エリンギ‥‥‥ 60g　　しいたけ‥‥ 20g　　うす口しょうゆ
ぶなしめじ‥‥ 60g　　穀物酢‥‥ 30cc（大さじ2）　　‥‥‥ 2g（小さじ1/3）
えのきたけ‥‥ 60g　　砂糖‥‥ 9g（大さじ1）　　粗びきこしょう‥‥‥‥ 適量

作り方

❶ きのこはすべて、食べやすい大きさに切り、耐熱容器
　に入れラップをして600Wの電子レンジで3分加熱。
❷ ❶が熱いうちに砂糖、酢、しょうゆ、こしょうを加え
　調味液に浸しておく。冷めたら器に盛り付けて完成。

豚の生姜焼き／糸こんにゃくのたらこ和え／切り干し大根の煮物

1人分｜エネルギー **661kcal**　食塩相当量 **2.5g**　食物繊維 **6.3g**

豚肉はたまねぎやピーマンと一緒に炒めます。糸こんにゃくとプチプチ食感の海藻麺はパスタソースで和え、切り干し大根の煮物は、多めに作り保存しましょう。

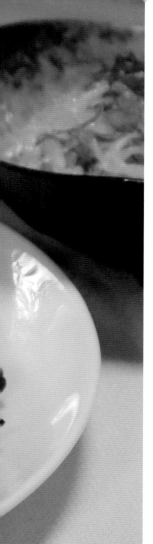

ご飯（2食分）…… 300g

豚の生姜焼き

1人分｜エネルギー**331kcal**　食塩相当量**1.0g**　食物繊維**2.2g**

材料（2食分）

豚ロース肉スライス…200g
酒 …… 22g（大さじ1・1/2）
こい口しょうゆ
　……… 12g（小さじ2）
おろししょうが ……… 15g
たまねぎ …… 100g（1/2個）

ピーマン ……… 40g（1個）
ほうれん草
　……100g（下ゆでしておく）
削り節 …… 2.5g（小パック1）
オリーブ油 … 12g（大さじ1）
粗びきこしょう………… 適量

作り方

❶ たまねぎはくし形に切り、ピーマンは縦4等分に切り、種とへたを取り除く。

❷ 豚肉は酒、しょうゆ、おろししょうがで下味をつけておく。

❸ フライパンに油を敷き、たまねぎ、豚肉の順にフライパンに入れて炒め、フライパンの空いた部分でピーマンとほうれん草をそれぞれ炒める。

❹ 肉に火が通り、野菜がしんなりしたら、ほうれん草は削り節で和え、全てを皿に盛り付け、完成。

糸こんにゃくのたらこ和え

1人分｜エネルギー**30kcal**　食塩相当量**0.6g**　食物繊維**1.2g**

材料（2食分）

糸こんにゃく …………… 80g
海藻麺 ………………… 40g
大葉 …………………… 5枚
パスタソース（たらこ）… 14g

作り方

❶ 糸こんにゃくは水切りし鍋に入れて、水から火にかけ、沸騰したらざるにあげる。

❷ 糸こんにゃくと海藻麺をボールに入れ、パスタソースを絡め、千切りにした大葉と一緒に和え、器に盛り付けて完成。

切り干し大根の煮物

1人分 | エネルギー **60kcal**　食塩相当量 **0.9g**　食物繊維 **2.6g**

材料（2食分）

切り干し大根（乾燥）	20g
にんじん	40g
油揚げ	10g
うす口しょうゆ	10g（小さじ2強）
砂糖	3g（小さじ1）
煮干し	5尾程度

作り方

① 切り干し大根は水で洗い、にんじんは千切りにして鍋に入れ、煮干しを加え、食材が浸るくらいの水を加え火にかけ蓋をしてごくごく弱火でゆっくりと煮る。

② 10分ほど煮たら、砂糖としょうゆ、刻んだ油揚げを加え、さらに煮含める。

③ 全体に味が染み、水分が少なくなったら火を止め、煮干しを取り出す。

④ 器に盛り付けて完成。

Topics **切り干し大根の煮物の作り置き保存方法とお弁当活用例**

お弁当
活用例

作り置きの野菜のおかずは、野菜たっぷりのお弁当を作る必須アイテムです。

豚の生姜焼き

主食	主菜	副菜	包丁	コンロ	オーブン	電子レンジ	時短料理	作り置き可能
	○	○	○	○				

糸こんにゃくのたらこ和え

主食	主菜	副菜	包丁	コンロ	オーブン	電子レンジ	時短料理	作り置き可能
		○	○	○			○	

切り干し大根の煮物

主食	主菜	副菜	包丁	コンロ	オーブン	電子レンジ	時短料理	作り置き可能
		○	○	○				○

ポークチャップ／ブロッコリースプラウトのサラダ／白菜と塩昆布の即席和え

1人分 │ エネルギー **636kcal**　食塩相当量 **2.5g**　食物繊維 **6.6g**

ミニトマトやトマトが残れば、冷凍庫に保存しポークチャップなど煮込みの料理で使います。白菜と塩昆布の和え物は、冷蔵庫で一晩置くとかさも減り浅漬け風に。

ご飯（2食分）……… 300g

ポークチャップ

1人分 | エネルギー **231kcal**　食塩相当量 **1.3g**　食物繊維 **3.1g**

材料（2食分）

豚ヒレ肉……… 200g	オリーブ油 ……………… 6g（大さじ1/2）
たまねぎ …… 100g（1/2個）	トマトケチャップ …… 40g（大さじ2強）
にんじん …… 50g	コンソメ ……………… 2g（小さじ2/3）
ピーマン …… 40g（1個）	粗びきこしょう ………… 適量
ミニトマト ………………… 60g	

作り方
1. たまねぎは薄切り、にんじんは色紙切り、ピーマンは縦に8等分に切る。
2. 豚肉は1cm程度の厚さに切る。
3. フライパンに油を敷き、豚肉を両面焼き、肉に火が通ったら一旦皿に取り出す。
4. 同じフライパンでたまねぎ、にんじんを炒め、半分に切ったミニトマト、ピーマンを加えて炒めたら、コンソメとトマトケチャップを加え炒める。水分が少なく焦げそうなときは水を大さじ1杯程度加える。
5. 4のフライパンに豚肉をもどし、肉を温めなおす。
6. 皿に盛り付け、こしょうを振り完成。

ブロッコリースプラウトのサラダ

1人分 | エネルギー **152kcal**　食塩相当量 **0.3g**　食物繊維 **1.9g**

材料（2食分）

レタス ………………………… 60g	
ブロッコリースプラウト …… 10g	
パプリカ …………………… 40g	
くるみ ……………………… 30g	
フレンチドレッシング ………… 20g	

作り方
1. ブロッコリースプラウトは軽く洗い水をきり、パプリカは適当な大きさに切る。レタスは洗って手で適当にちぎり、すべてを器に盛り付ける。
2. くるみを添えドレッシングをかけて完成。

白菜と塩昆布の即席和え

1人分 | エネルギー **13kcal**　食塩相当量 **0.9g**　食物繊維 **1.3g**

材料（2食分）
白菜 ………… 100g
塩昆布 ………… 10g

作り方
❶ 白菜は芯の部分と葉の部分に分け、芯の部分は1cm程度のそぎ切り、葉の部分は2cm程度の大きさに切る。
❷ ボールに切った白菜と塩昆布を入れ軽く混ぜれば完成。

Topics　**スルフォラファン**
ブロッコリースプラウトに含まれるスルフォラファンは、フィトケミカル（酸化を予防して老化や病気を防ぐ抗酸化作用をもつ成分）の一種で、植物だけが作り出す成分。植物の細胞内に含まれ、よく噛み、細胞をつぶすことで身体に取り込むことができます。

ポークチャップ

主食	主菜	副菜	包丁	コンロ	オーブン	電子レンジ	時短料理	作り置き可能
	○	○	○	○				

ブロッコリースプラウトのサラダ

主食	主菜	副菜	包丁	コンロ	オーブン	電子レンジ	時短料理	作り置き可能
		○	○				○	

白菜と塩昆布の即席和え

主食	主菜	副菜	包丁	コンロ	オーブン	電子レンジ	時短料理	作り置き可能
		○	○				○	○

卵焼き／焼きサバの南蛮漬け／ひじき の煮物／もやしと豆苗の和え物／ 焼き海苔と豆腐のすまし汁

1人分｜エネルギー**709kcal**　食塩相当量**3.5g**　食物繊維**8.2g**

市販の卵焼きや焼き魚が代用でき、作りおきのおかずや、安価な野菜と組み合わせて、家計にやさしい食事になります。すまし汁は焼き海苔の香りを楽しみましょう。

ご飯 (2食分) …… 300g

卵焼き

1人分 | エネルギー **215kcal**　食塩相当量 **1.1g**　食物繊維 **0.2g**

材料 (2食分)

卵 ……150g (3個)	水 ……15cc
めんつゆ (3倍濃縮)	オリーブ油 ……適量
……12g (小さじ2)	甘酢生姜 ……20g

作り方

① 卵を溶き調味液を合わせてフライパンまたは卵焼き器で焼く。

② 皿に盛り付け、甘酢生姜を添えて完成。

焼きサバの南蛮漬け

1人分 | エネルギー **116kcal**　食塩相当量 **0.1g**　食物繊維 **0.9g**

材料 (2食分)

生サバ ……60 g	酢 ……45cc (大さじ3)
たまねぎ ……100g (1/2個)	砂糖 ……10g (大さじ1強)
大葉 ……4枚	糸唐辛子 ……適量

作り方

① たまねぎは繊維にそって薄切りにして水でさらし、ざるにあげて手で水分をしぼり、酢と砂糖を合わせた調味液にひたし、しんなりさせる。

② サバは4等分に切りオーブントースターやグリルで焼き、①に漬けこむ。

③ 大葉2枚は細切りにして②にまぜ、2枚はそれぞれ皿に敷く。

④ 皿に盛り付け、糸唐辛子を添え完成。

ひじきの煮物 (作り方は26ページを参照)

卵焼き

主食	主菜	副菜	包丁	コンロ	オーブン	電子レンジ	時短料理	作り置き可能
	○			○			○	

焼きサバの南蛮漬け

主食	主菜	副菜	包丁	コンロ	オーブン	電子レンジ	時短料理	作り置き可能
	○	○	○		○			○

もやしと豆苗の和え物

1人分 | エネルギー **54kcal**　食塩相当量 **0.4g**　食物繊維 **2.5g**

材料（2食分）
もやし ……………………… 150g
豆苗 ……………………… 50g
こい口しょうゆ ………… 6g（小さじ1）
白すりごま ……………… 10g（大さじ2弱）
砂糖 ……………………… 2g（小さじ2/3）

作り方
❶ もやしは水洗いしざるにあげ、豆苗は豆の部分より上を切り、食べやすい大き
　 さに切り、水洗いしてざるにあげる。
❷ 耐熱容器に❶を入れ、600Wの電子レンジで3分加熱。ざるにあげ常温で冷まし、
　 粗熱が取れたら手で水分をしぼる。
❸ ボールにごま、砂糖、しょうゆを合わせ、❷を和える。器に盛り付けて完成。

焼き海苔と豆腐のすまし汁

1人分 | エネルギー **31kcal**　食塩相当量 **1.0g**　食物繊維 **0.3g**

材料（2食分）
絹ごし豆腐 ……… 100g
焼き海苔 ………… 1/4切り
だし汁 …………… 300cc（1と1/2カップ）
めんつゆ（3倍濃縮）… 12g（小さじ2）

作り方
❶ だし汁、めんつゆを鍋に入れ火にか
　 け、さいの目に切った豆腐を加える。
❷ 汁椀に、焼き海苔を手で適当にちぎ
　 って加え、沸騰した❶をよそい完成。

ひじきの煮物

主食	主菜	副菜	包丁	コンロ	オーブン	電子レンジ	時短料理	作り置き可能
		○	○	○				○

もやしと豆苗の和え物

主食	主菜	副菜	包丁	コンロ	オーブン	電子レンジ	時短料理	作り置き可能
		○	○			○	○	○

焼き海苔と豆腐のすまし汁

主食	主菜	副菜	包丁	コンロ	オーブン	電子レンジ	時短料理	作り置き可能
			○	○			○	

かれいの煮付け／レタスとわかめの
卵炒め／2色豆腐／白菜のごま酢和え

1人分｜エネルギー **660kcal**　食塩相当量 **3.0g**　食物繊維 **4.6g**

魚の煮付けはしっかり味付け、副菜は酢や香辛料などを使用し、薄味に仕上げます。
わかめたっぷりの卵炒めと2色豆腐で煮魚の献立もボリュームアップ。

ご飯（2食分）…… 300g

かれいの煮付け

1人分 | エネルギー **125kcal**　食塩相当量 **2.1g**　食物繊維 **0g**

材料（2食分）

カラスカレイ …… 2切れ（1切れ100g程度）	砂糖 …… 6g（小さじ2）
しょうが ………… 1かけ	こい口しょうゆ …… 12g（小さじ2）
だし汁 ………… 100cc（1/2カップ）	うす口しょうゆ …… 12g（小さじ2）
清酒 ………… 30cc（大さじ2）	

作り方

❶ しょうがは水で洗い、皮がついたまま3mm程度の厚さに切る。
❷ 鍋にすべての調味料とカラスカレイを入れて火にかけ、アルミホイルなどで落し蓋をして中火で10～15分煮る。
❸ 水分が少なくなり、魚に色がつけば完成（熱い時に魚を触ると煮崩れしやすいので、少し冷めてから皿に盛り付ける）。

レタスとわかめの卵炒め

1人分 | エネルギー **131kcal**　食塩相当量 **0.8g**　食物繊維 **1.1g**

材料（2食分）

卵 …… 2個	ごま油 …… 8g（小さじ2）
レタス …… 60g	めんつゆ（3倍濃縮）…… 6g（小さじ1）
生ワカメ（塩蔵塩抜きでも可）…… 40g	粗びきこしょう …… 適量

作り方

❶ わかめは水で洗い食べやすい長さに切り、レタスは手でちぎり、卵はめんつゆを加えた卵液をつくっておく。
❷ フライパンに油を敷き、わかめと卵液を加えて炒め、最後にレタスを加えさっと炒める。
❸ 皿に盛り付け、こしょうを振り完成。

2色豆腐

1人分 | エネルギー **73kcal**　食塩相当量 **0.1g**　食物繊維 **0.7g**

材料（2食分）

絹ごし豆腐 …… 100g	ごま豆腐 …… 100g	
大葉 …… 2枚	ねりわさび …… 適量	

作り方

❶ 豆腐とごま豆腐を皿に盛り付け、豆腐には千切りにした大葉、ごま豆腐にはねりわさびを添えて完成。

白菜のごま酢和え

1人分 | エネルギー **91kcal**　食塩相当量 **0g**　食物繊維 **2.5g**

材料（2食分）

白菜	160g
えのきたけ	40g
豚ロース切り落とし	20g
酒	少々
穀物酢	30cc(大さじ2)
砂糖	9g（大さじ1）
白いりごま	10g

作り方

❶ 白菜は1.5cm程度の色紙切り、えのきたけは石づきを落とし長さを4等分に切り、石づきに近いところは手でほぐす。

❷ 豚肉は1cm程度の大きさに切り、酒をまぶしておく。

❸ 耐熱容器に野菜と豚肉を広げて並べ、ラップをして600Wの電子レンジで5分加熱。豚肉に完全に火が通ったことを確認、常温で冷まし容器の底にたまった水分を捨てる。

❹ 酢と砂糖、白すりごまを加え全体を和え、器に盛り付けて完成。

Topics　**豆腐とごま豆腐**
豆腐は大豆が原材料でたんぱく質が豊富な食品になり、主菜に位置づけされます。ごま豆腐はでんぷん（くず粉）とねりごまが原材料のため、栄養素は炭水化物と脂質が豊富で、たんぱく質はほとんど含まれません。食品成分表ではいも・でんぷんに分類されます。
＊卵豆腐は、卵が原材料なので、たんぱく質源の主菜に分類されます。

かれいの煮付け

主食	主菜	副菜	包丁	コンロ	オーブン	電子レンジ	時短料理	作り置き可能
	○			○				

レタスとわかめの卵炒め

主食	主菜	副菜	包丁	コンロ	オーブン	電子レンジ	時短料理	作り置き可能
	○	○		○			○	

2色豆腐

主食	主菜	副菜	包丁	コンロ	オーブン	電子レンジ	時短料理	作り置き可能
	○		○				○	

白菜のごま酢和え

主食	主菜	副菜	包丁	コンロ	オーブン	電子レンジ	時短料理	作り置き可能
		○	○			○	○	○

食と健康 ―あとがきに代えて―

　日本は世界でも有数の長寿国で男女ともに平均寿命は 80 歳を超えています。

　しかし日常生活に制限のない期間を指す健康寿命は男女ともに約 10 年短く、要介護の期間や寝たきりの期間が生じるということを示しています [1]。

　寝たきりの原因には、脳血管疾患（脳卒中）、認知症、骨折・転倒が多く、これらが寝たきりの原因の約 40％を占め [2]、その原因になるもとの疾患は生活習慣病と言われる II 型糖尿病、高血圧、脂質異常症、高尿酸血症、骨粗しょう症、一部のがんなどがあり、これは食事や運動などの生活習慣と密接に関係する病気です。

　これらの病気が進行することで血管に負担がかかり脳血管疾患や心臓病、腎不全などの合併症がすすみ、病気で横になる期間が多くなると筋力の低下が起こり、転倒しやすくなり、骨粗しょう症が進行し骨折しやすくなる悪循環が生じます [3]。

　食べ過ぎ、太りすぎ、アルコールの飲みすぎ、痩せすぎ、運動不足、無理なダイエット、喫煙など、誤った生活習慣をみなおすことが生活習慣病の発症予防、合併症の発症や症状の進展を防ぎ重症化の予防につながります [4]。

1）『平成 26 年版厚生労働白書』厚生労働省ホームページより引用
2）『平成 28 年国民生活基礎調査』厚生労働省より引用
3）『生活習慣病とは』厚生労働省ホームページより引用
4）『食生活指針』文部科学省 厚生労働省 農林水産省より引用

ハレの食事とケの食事

ハレの食事とは正月や節句、誕生日の祝い事といった特別な食事を指し、ケの食事は普段、日常の食事のことを言います。

ハレの食事は文化や風習など、その時を祝う特別な食事のため、栄養やバランスの優先度は低くその時を楽しむ食事です。

しかしそれ以外の日常はケの食事です。健康や栄養を考えた食事を心がけ、ケの食事を楽しむことでまたハレの食事の喜びが高まります。

ケの食事を楽しむポイント

❶ 主食、主菜、副菜を基本にしたバランスの良い食事を心がける

主食：米、パン、麺類などの穀類
　　　炭水化物エネルギーの供給源

主菜：魚や肉、卵、大豆製品などを使った副食の中心となる料理
　　　たんぱく質や脂質の供給源

副菜：野菜などを使った料理、主食と主菜で不足するビタミン、
　　　ミネラル、食物繊維を補う重要な役割

❷ ご飯などの穀類の適量摂取

脳や神経組織などぶどう糖をエネルギー源として利用する組織にぶどう糖を供給。

❸ 野菜はたっぷり

カリウム、食物繊維、抗酸化ビタミン等の栄養素を摂るために十分な野菜を摂る。

❹ 食塩はひかえ、油脂は質と量を考えて

食塩を多く含む食品をひかえ、食塩の摂取を減らす。
油脂は摂りすぎに注意する。

早見表は料理ごとに主食、主菜、副菜を分類し、使用する調理器具や10分程度でできる

	主食	主菜	副菜	包丁	コンロ	オーブン	電子レンジ	時短料理	作り置き可能
カラフルカレーライス	○	○	○	○			○	○	
ナポリタン	○	○	○	○	○		○	○	
くるみ入りレタスチャーハン	○	○	○	○			○		
野菜が主役のソース焼きそば	○	○	○	○			○		
鍋焼きうどん	○	○	○	○			○		
おかずになる具だくさんスープ		○	○	○			○		
ほうれん草と卵のグラタン		○	○	○		○	○		
白菜と鶏肉の煮物		○	○	○	○				○
白菜と鶏肉の味噌汁		○	○	○	○		○		
白菜と鶏肉のポトフ風		○	○	○	○		○		
白菜と鶏肉のカレースープ		○	○	○	○		○		
お麩の卵とじ		○	○	○	○				
小松菜のお浸し			○	○			○	○	○
大根のピクルス			○	○			○	○	
鮭のバター焼き		○			○				
豆腐とトマトの塩昆布サラダ		○	○	○					
ひじきの煮物			○	○	○				○
ひじきの混ぜご飯	○		○	○				○	
鶏肉のソテー		○	○	○	○				
もやしの中華和え			○	○			○	○	
鶏肉のカレーソテー		○		○	○				
いんげんのバター炒め			○	○	○			○	
小松菜のからし和え			○	○			○	○	
具だくさん味噌汁			○	○	○				○
きのこの炊き込みご飯	○		○	○					○
いんげんのごま和え			○	○	○			○	
なすの揚げびたし			○	○	○			○	○
魚の塩焼き		○				○			
きゅうりの酢の物			○	○				○	

時短料理、作り置きできるおかずを表します。

※ 「オーブン」は「オーブントースター」の略

	主食	主菜	副菜	包丁	コンロ	オーブン	電子レンジ	時短料理	作り置き可能
大豆ご飯	○								○
鶏肉のうま煮		○	○	○	○				○
大きい具の味噌汁			○	○	○				○
麦入りご飯	○								○
和風サバカレー		○	○	○	○				○
水菜のサラダ			○	○				○	
野菜ジュースのピラフ	○				○				○
鶏肉のクリーム煮		○	○	○	○				
鶏肉の変わり衣焼き		○		○		○			
なすの生姜和え			○	○	○			○	
長いも入りもずく酢			○	○				○	
にんじんのきんぴら			○	○	○				○
ホタテのムニエル		○	○		○				
切り干し大根のサラダ			○					○	
きのこの酢の物			○	○			○	○	○
豚の生姜焼き		○	○	○	○				
糸こんにゃくのたらこ和え			○	○				○	
切り干し大根の煮物			○	○	○				○
ポークチャップ		○	○	○	○				
ブロッコリースプラウトのサラダ			○	○				○	
白菜と塩昆布の即席和え			○	○				○	
卵焼き		○			○			○	
焼きサバの南蛮漬け		○	○	○		○			○
もやしと豆苗の和え物			○	○			○	○	
焼き海苔と豆腐のすまし汁			○	○				○	
かれいの煮付け		○			○				
レタスとわかめの卵炒め		○	○		○			○	
2色豆腐		○		○				○	
白菜のごま酢和え			○	○			○	○	

［著者紹介］
江口　友希世（えぐち ゆきよ）
大阪府在住
管理栄養士、糖尿病療養指導士、健康運動指導士
Ｎ・Ｒサプリメントアドバイザー

10 年間一般企業に勤務した後、栄養士養成学校に入学、2000 年卒業。
2002 年管理栄養士取得。2005 年より病院に勤務し、主に外来通院患者さ
んの栄養指導を担当。
市民公開講座、健康フォーラムの講師、料理教室の講師を務める。
バイエル薬品（株）主催の、第 7 回バイエルレシピコンテストで準グラン
プリを受賞、他のレシピコンテストでも受賞経験を持つ。

たっぷり野菜のおいしい食事

2020 年 4 月 20 日　第 1 刷発行

著　者　　江口友希世
発行人　　久保田貴幸

発行元　　株式会社 幻冬舎メディアコンサルティング
　　　　　〒 151-0051　東京都渋谷区千駄ヶ谷 4-9-7
　　　　　電話　03-5411-6440（編集）

発売元　　株式会社 幻冬舎
　　　　　〒 151-0051　東京都渋谷区千駄ヶ谷 4-9-7
　　　　　電話　03-5411-6222（営業）

印刷・製本　シナジーコミュニケーションズ株式会社
装　丁　　内堀明美

検印廃止
© Yukiyo Eguchi, GENTOSHA MEDIA CONSULTING 2020 Printed in Japan
ISBN 978-4-344-92744-5 C0077
幻冬舎メディアコンサルティング HP
http://www.gentosha-mc.com/